EMPIRE FRANÇAIS

COLLECTION

DES

BULLETINS OFFICIELS

DE LA GUERRE DE 1870

PREMIÈRE SÉRIE, N° 1 A 40

2 FRANCS.

DOUAI

IMPRIMERIE DE L. CRÉPIN, LIBRAIRE-ÉDITEUR.

23, rue de la Madeleine, 23.

1870

BULLETINS DE LA GUERRE Nos 1 ET 2

DÉCLARATION DE GUERRE A LA PRUSSE.

Au commencement de la séance du Sénat, le ministre des affaires étrangères a lu la déclaration suivante :

« La manière dont le pays a accueilli notre déclaration du 6 juillet, nous ayant donné la certitude que vous approuvez notre politique et que nous pourrions compter sur votre appui, nous avons aussitôt commencé des négociations avec les puissances étrangères pour obtenir leurs bons offices auprès de la Prusse pour qu'elle reconnût la légitimité de nos griefs.

« Dans ces négociations nous n'avons rien demandé à l'Espagne dont nous ne voulions ni éveiller les susceptibilités, ni froisser l'indépendance ; nous n'avons pas agi auprès du Prince de Hohenzollern que nous considérons comme couvert par le roi ; nous avons également refusé de mêler à notre discussion aucune récrimination ou de la faire sortir de l'objet même dans lequel nous l'avions renfermée dès le début.

« La plupart des puissances ont été pleines d'empressement à nous répondre, et elles ont, avec plus ou moins de chaleur, admis la justice de notre réclamation.

« Le ministère des affaires étrangères prussien nous a opposé une fin de non-recevoir en prétendant qu'il ignorait l'affaire et que le cabinet de Berlin y était resté étranger.

« Nous avons dû alors nous adresser au roi lui-même et nous avons donné à notre ambassadeur l'ordre de se rendre à Ems, auprès de Sa Majesté. Tout en reconnaissant qu'il avait autorisé le prince de Hohenzollern à accepter la candidature qui lui avait été offerte, le roi de Prusse a soutenu qu'il était resté étranger aux négociations poursuivies entre le gouvernement espagnol et le prince de Hohenzollern, qu'il n'y était intervenu que comme chef de famille et nullement comme souverain, et qu'il n'avait ni réuni, ni consulté le conseil de ses ministres. Sa Majesté a reconnu cependant qu'elle avait informé le comte de Bismarck de ces divers incidents. (Mouvement).

« Nous ne pouvions considérer ces réponses comme satisfaisantes ; nous n'avons pu admettre cette distinction subtile entre le souverain et le chef de famille et nous avons insisté pour que le roi conseillât et imposât au besoin au prince Léopold une renonciation à sa candidature.

« Pendant que nous discutions avec la Prusse, le désistement du prince Léopold nous vint du côté où nous ne l'attendions pas, et nous fut remis le 12 juillet par l'ambassadeur d'Espagne.

« Le roi ayant voulu y rester étranger, nous lui demandâmes de s'y associer et de déclarer que si, par un de ces revirements toujours possibles dans un pays sortant d'une révolution, la couronne était de nouveau offerte par l'Espagne au prince Léopold, il ne l'autoriserait plus à accepter, afin que le débat pût être considéré comme définitivement clos.

Notre demande était modérée; les termes dans lesquels nous l'exprimions ne l'étaient pas moins: « Dites bien au roi, écrivions-nous au comte Benedetti le 12 juillet, à minuit, que nous n'avons aucune arrière-pensée, que nous ne cherchons pas un prétexte de guerre, et que nous ne demandons qu'à résoudre honorablement une difficulté que nous n'avons pas créée nous-mêmes. (C'est vrai ! c'est très-vrai !)

« Le roi consentit à aprouver la renonciation du prince Léopold, mais il refusa de déclarer qu'il n'autoriserait plus à l'avenir le renouvellement de cette candidature. (Marques d'étonnement.)

« J'ai demandé au roi, nous écrivait M. Benedetti le 13 juillet à minuit, de vouloir bien me permettre de vous annoncer en son nom que si le prince de Hohenzollern revenait à son projet, Sa Majesté interposerait son autorité et y mettrait obstacle.

« Le roi a absolument refusé de m'autoriser à vous transmettre une semblable déclaration. J'ai vivement insisté, mais sans réussir à modifier les dispositions de Sa Majesté. Le roi a terminé notre entretien en me disant qu'il ne pouvait ni ne voulait prendre un pareil engagement et qu'il devait pour cette éventualité, comme pour toute autre, se réserver la faculté de consulter les circonstances. » (Exclamations diverses.)

Plusieurs sénateurs. On ne pousse pas plus loin l'insolence et l'audace.

« Quoique ce refus nous parût injustifiable, notre désir de conserver à l'Europe les bienfaits de la paix était tel que nous ne rompîmes pas les négociations, et que, malgré notre impatience légitime, craignant qu'une discussion ne les entravât, nous vous avons demandé d'ajourner nos explications jusqu'à aujourd'hui. Aussi, notre surprise a-t-elle été profonde, lorsqu'hier nous avons appris que le roi de Prusse avait notifié par un aide de camp à notre ambassadeur qu'il ne le recevait plus (Oh! oh! mouvement d'indignation); et que, pour donner à ce refus un caractère non équivoque, son gouvernement l'avait communiqué officiellement aux cabinets d'Europe.

Nous apprenions en même temps que M. le baron de Werther avait reçu l'ordre de prendre un congé, et que des armements s'opéraient en Prusse.

Dans ces circonstances, tenter davantage pour la conciliation eût été un oubli de dignité, une imprudence (Bravos répétés). Nous n'avons rien négligé pour éviter une guerre. Nous allons nous préparer à soutenir celle qu'on nous offre (Marques générales d'assentiment), en laissant à chacun la part de responsabilité qui lui revient.

Dès hier, nous avons rappelé nos réserves, et, avec votre concours, nous allons prendre immédiatement les mesures nécessaires pour sauvegarder les intérêts, la sécurité et l'honneur de la France (Bravo ! Bravo !).

Plusieurs salves d'applaudissements accueillent cette déclaration.

Des cris de : Vive la France ! Vive l'Empereur ! éclatent sur tous les bancs.

Douai. — Imprimerie administrative de L. Crépin.

BULLETIN DE LA GUERRE N° 3

DÉPÊCHE TÉLÉGRAPHIQUE

A MESSIEURS LES PRÉFETS ET SOUS-PRÉFETS

Metz, 4 heures 30 du soir.
Paris, 5 heures 32 du soir.

Aujourd'hui 2 août à 11 heures du matin les troupes françaises ont eu un sérieux engagement avec les troupes prussiennes. — Notre armée a pris l'offensive, franchi la frontière et envahi le territoire de la Prusse. Malgré la force de la position ennemie quelques-uns de nos bataillons ont suffi pour enlever les hauteurs qui dominent *SAARBRUCK*, et notre artillerie n'a pas tardé à chasser l'ennemi de la ville, l'élan de de nos troupes a été si grand que nos pertes ont été légères. — L'engagement commencé à 11 heures était terminé à 1 heure. L'Empereur assistait aux opérations et le Prince Impérial qui l'accompagnait partout a reçu, sur le 1er champ de bataille de la Campagne, le baptême du feu. Sa présence d'esprit, son sang froid dans le danger ont été dignes du nom qu'il porte.

Douai, le 3 août, 1 heure 25 minutes du matin.

DOUAI, IMP. L. CRÉPIN, 23, RUE DE LA MADELEINE.

BULLETIN DE LA GUERRE N° 4

DÉPÊCHE TÉLÉGRAPHIQUE

DÉPÊCHE DU SECRÉTARIE PARTICULIER DE L'EMPEREUR.

A MESSIEURS LES PRÉFETS ET SOUS-PRÉFETS

Metz, 3 août 1870, 3 heures du soir.

Hier, lorsqu'on a occupé les hauteurs de Saarbruck une batterie de mitrailleuses a été mise en position en présence de l'Empereur et du Prince Impérial

L'Empereur avait ordonné qu'on ne tirat que si cela devenait nécessaire.

Les Prussiens en effet étant cachés dans les ravins ou des maisons ou bien disséminés en tirailleurs, on ne pouvait se servir utilement de notre nouvelle artillerie, mais bientôt on apperçut un peloton ennemi qui défilait sur le chemin de fer de la rive droite à une distance de 1,600 mètres, on diriga dessus les mitrailleuses et en un clin-d'œil ce groupe fut dispersé laissant la moitié de ses hommes par terre, un second peloton se hasarda de nouveau sur la même ligne et subit le même sort.

Dès lors, personne n'osa plus passer sur le chemin de fer.

Les officiers d'artillerie français sont enthousiasmés des effets des mitrailleuses.

Parmi les prisonniers prussiens se trouvent plusieurs volontaires d'un an. Ils ont été très discrets au sujet des questions qu'on leur a adressées mais ils ont convenu de la supériorité du fusil français sur le fusil prussien.

D'un autre côté, le maréchal Bazaine a eu un engagement avec des tirailleurs ennemis. Plusieurs Prussiens ont été tués, aucun des nôtres n'a été blessé.

DOUAI.—IMPRIMERIE L. CRÉPIN.

BULLETIN DE LA GUERRE N° 5

DÉPÊCHE TÉLÉGRAPHIQUE

Nous recevons communication de la dépêche officielle suivante :

5 août, midi 45.

Trois régiments de la division du général Douay et une brigade de cavalerie légère ont été attaqués à Wissembourg par des forces très-considérables massées dans les bois qui bordent la Lauter.

Ces troupes ont résisté pendant plusieurs heures aux attaques de l'ennemi, puis se sont repliées sur le col du Pigeonnier qui commande la ligne de Bitsch.

Le général Douay (Abel) a été tué.

Une de nos pièces, dont les chevaux avaient été tués et l'affût brisé est tombée au pouvoir de l'ennemi.

Le maréchal Mac-Mahon concenter sur les lieux les forces placées sous son commandement.

5 Août, 4 heures.

Le maréchal Mac-Mahon, occupe avec son corps d'armée une forte position.

On est en communication télégraphique avec tous le corps de l'armée.

Douai, le 6 août, 8 heures du matin.

Douai, — Imprimerie administrative de L. Crépin.

BULLETIN DE LA GUERRE N° 6

DÉPÊCHE TÉLÉGRAPHIQUE

Nous recevons communication de la dépêche officielle suivante :

Metz, 7 Août, 4 heures 30 minutes du matin.

Après une série d'engagements dans lequel l'ennemi a déployé des forces considérables, le maréchal Mac-Mahon s'est replié en arrière de la 1re ligne.

Le corps du général Frossard a eu à lutter hier depuis 2 heures contre une armée ennemie toute entière, après avoir tenu dans ses positions jusqu'à six heures, il a opéré sa retraite en bon ordre.

Nos troupes sont pleines d'élan, la situation n'est pas compromise, mais l'ennemi est sur notre territoire et un sérieux effort est nécessaire.

Une bataille paraît imminente.

Douai, le 7 août, 9 heures du matin.

Douai. — Imprimerie administrative de L. Crépin.

BULLETIN DE LA GUERRE N° 7

DÉPÊCHE TÉLÉGRAPHIQUE

Un supplément au *Journal Officiel*, contient la proclamation suivante :

FRANÇAIS.

Jusqu'à cette heure, nous avons donné sans réserve toutes les nouvelles certaines que nous avons reçues. Nous continuerons à le faire. Cette nuit nous avons reçu les dépêches suivantes :

Metz, minuit et demi.

Le maréchal Mac-Mahon a perdu bataille sur la Sarre. Le général Frossard a été obligé de se retirer. Cette retraite s'opère en bon ordre. Tout peut se rétablir.

NAPOLÉON.

Metz 7 Août 3 heures du matin.

Les communications étant interrompues avec le Maréchal Mac-Mahon je n'ai pas eu de nouvelles de lui jusque hier.

C'est le général Laigle qui m'a annoncé que le Maréchal Mac Mahon avait perdu une bataille contre des forces considérables et qu'il se retirait en bon ordre.

D'un autre côté sur la Sarre, un engagement à commencé, vers une heure il ne paraissait pas très sérieux lorsque peu à peu les masses ennemies se sont accrues considérablement.

Cependant sans obligé le 2me corps à reculer.

Ce n'est qu'entre 6 et 7 heures du soir que les masses ennemies devenant toujours plus compactes le 2me corps et les régiments qui le soutiennent se sont retirés sur les hauteurs. la nuit a été calme, je vais me placer au centre de la position.

NAPOLÉON.

Metz, 7 Août, 4 heures 30 minutes, du matin.

Après une série d'engagements dans lequel l'ennemi a déployé des forces considérables, le maréchal Mac-Mahon s'est replié en arrière de la 1re ligne.

Le corps du général Frossard a eu à lutter hier depuis 2 heures contre une armée ennemie toute entière. Après avoir tenu dans ses positions jusqu'à six heures, il a opéré sa retraite en bon ordre.

Nos troupes sont pleines d'élan, la situation n'est pas compromise, mais l'ennemi est sur notre territoire et un sérieux effort est nécessaire.

Une bataille parait imminente.

En présence de ces graves nouvelles, notre devoir est tracé, nous faisons appel au patriotisme et à l'énergie de tous.

Les Chambres sont convoquées nous mettons d'urgence Paris en état de défense pour faciliter l'exécution des préparatifs militaires nous déclarons l'état de siége.

Pas de défaillances pas de diversions, nos ressources sont immenses, luttons avec fermeté et la patrie sera sauvée.

Paris, le 7 août 1870, 6 h. m.

Cette proclamation est signée par tous les ministres ; un décret inséré au même supplément convoque les 2 Chambres pour le 11 août.

Faites publier et prévenez les députés et sénateurs qui habitent le département.

DOUAI, IMP. L. CRÉPIN, 23, RUE DE LA MADELEINE.

BULLETIN DE LA GUERRE N° 8

DÉPÊCHE TÉLÉGRAPHIQUE

Dans l'affaire qui a eu lieu à Forbach il n'y a eu que le 3e corps d'engagé, soutenu par 2 divisions des autres corps.

Le corps du général Ladmirault, celui du général de Failly et la Garde n'ont pas combattu. Le combat a commencé à une heure et semblait sans importance; mais bientôt de nombreuses troupes se sont embusquées dans les bois, essayant de tourner la position. A 5 heures, les Prussiens semblaient repoussés et renoncèrent à l'attaque, mais un nouveau corps arrivant de Werden. sur la Sarre, obligea le général Frossard à se retirer.

Aujourd'hui les troupes qui se trouvaient divisées se concentrent sur Metz.

Dans la bataillle qui a eu lieu près de Freischwiller, le maréchal de Mac-Mahon avait cinq divisions, le corps d'arméé du général de Failly n'avait pas pu le rejoindre: On n'a que des détails très vagues.

On dit qu'il y a eu plusieurs charges de cavalerie, mais les Prussiens avaient des mitrailleuses qui nous firent beaucoup de mal.

NAPOLÉON

Metz. 7 août 8 heures 25 du matin.

PROCLAMATION DE L'IMPÉRATRICE.

FRANÇAIS.

Le début de la guerre ne nous est pas favorable : nos armées ont subi un échec. Soyons fermes dans ce revers et hâtons-nous de le réparer.

Qu'il n'y ait parmi nous qu'un seul parti, celui de la France; qu'un seul drapeau, celui de l'honneur national.

Je vais au milieu de vous, fidèle à ma mission et à mon devoir, vous me verrez la première au danger pour défendre le drapeau de la France.

J'adjure tous les bons citoyens de maintenir l'ordre, le troubler serait conspirer avec nos ennemis.

Impératrice, EUGÉNIE.

Les troupes continuent à se concentrer sans difficulté. Toute hostilité semble avoir cessé. Les régiments d'infanterie engagés étaient : 32e, 55e, 76e, 77e, 8e, 23e, 66, 67e, 25e, 63e, 24e et 40e avec les bataillons de chasseurs portant les nos 3e, 10e et 12e.

DOUAI.—IMPRIMERIE L. CRÉPIN

BULLETIN DE LA GUERRE N° 9

DÉPÊCHE TÉLÉGRAPHIQUE

Paris, 2 heures 23 m. du soir.

Le maréchal de Mac-Mahon a éprouvé un sérieux échec à Reischoffen. Il se replie et couvre Nancy. Les troupes qui sont autour de Metz sont dans d'excellentes positions.

Ce matin trois corps d'armée tout entiers n'auraient pas encore donné. Les pertes de l'ennemi sont très considérables et ralentissent sa marche.

L'épreuve est sérieuse, elles n'est pas au-dessous du patriotisme de la nation, il n'est pas possible de préciser le chiffre de nos pertes. Le mouvement de retraite et de concentration s'opère.

Le général Coffinière organise la défense.

Douai, 7 août 9 heures du soir.

DOUAI, IMP. L. CRÉPIN, 23, RUE DE LA MADELEINE.

BULLETIN DE LA GUERRE N° 10

DÉPÊCHE TÉLÉGRAPHIQUE

Paris, 8 août, 10 heures du matin.

A MESSIEURS LES PRÉFETS ET SOUS-PRÉFETS ET AU GOUVERNEUR DE L'ALGÉRIE.

Décret de convocation du Sénat et du Corps Législatif, mardi 9 août.

Décret appelant tous les citoyens valides, de 30 à 40 ans, pour faire partie de la garde nationale sédentaire.

La garde nationale de Paris est affectée à la défense de la capitale et à la mise en défense des fortifications.

Un projet de loi sera présenté pour incorporer dans la garde nationale mobile les citoyens âgés de moins de 30 ans qui n'en font pas actuellement partie.

Rapport à l'Impératrice sur la défense de Paris et sur l'état des forces nouvelles devant être mises immédiatement à la disposition de l'Empereur.

Douai, le 8 août, 11 heures 1[2 du matin.

DOUAI.—IMPRIMERIE L. CRÉPIN

BULLETIN DE LA GUERRE N° 11

DÉPÊCHE TÉLÉGRAPHIQUE

Metz, 8 août, 7 heures 50 m.

L'armée se concentre pour marcher sur les Vosges et en défendre les passages.

La nuit a été calme, il n'y a pas eu d'engagement.

NAPOLEON.

Douai, 8 août midi.

Douai. — Imprimerie administrative de L. Crépin.

BULLETIN DE LA GUERRE N° 12

DÉPÊCHE TÉLÉGRAPHIQUE

Strasbourg, 8 août, 11 heures du matin.

Le Préfet du Bas-Rhin au Ministre de l'Intérieur.

Les Prussiens n'ont point passé le Rhin cette nuit à Markollskenn près Schlestadt comme le croyait le Sous-Préfet.

Toutes les mesures sont prises pour mettre la place en état de défense.

BOURSE DE PARIS.

8 Août.

3 %	66 00	baisse 2 fr.
4 1/2	97 50	baisse 0 50

Douai, le 8 août, 4 heures 1/2 du soir.

Douai. — Imprimerie administrative de L. Crépin.

BULLETIN DE LA GUERRE N° 13

DÉPÊCHE TÉLÉGRAPHIQUE

Metz, 8 août, 10 heures 30 m.

Le général de Failly est en communication avec le maréchal Mac-Mahon.

Le moral de l'armée est excellent, il n'y a pas eu d'engagement depuis la dépêche d'hier.

Dans la bataille de Froschwiller 140,000 hommes ont attaqué le corps de Mac-Mahon fort de 33,000. *(Correspondance du quartier général.)*

Douai, 8 août 7 heures du soir.

BULLETIN DE LA GUERRE N° 14.

DÉPÊCHE TÉLÉGRAPHIQUE

Paris, le 8 Août, 4 heures du soir.

Résumé du rapport du général Dejean, Ministre de la Guerre à Sa Majesté l'Impératrice Régente.

Les forts extérieurs de Paris sont en état de soutenir un siége régulier. Dans peu de jours, l'enceinte se trouvera dans les mêmes conditions.

40,000 hommes de la garde nationale et la garnison les défendront.

La défense de Paris est assurée, mais il est essentiel de combler les vides faits dans notre armée; avec les troupes encore disponibles en France et en Algérie, avec les 4me bataillons des 100 régiments d'infanterie, on peut mettre en campagne 150,000 hommes; dans quelques jours l'appel de la classe donnera 90,000 hommes; on peut ajouter la garde mobile, les compagnies de Francs-Tireurs qui demandent à s'organiser partout; il y a là 30,000 hommes.

En ajoutant la garde nationale sédentaire, la France peut armer deux millions de défenseurs.

Leurs fusils sont prêts; et il en restera encore un million en réserve.

NAPOLÉON,

Par la grâce de Dieu et la volonté nationale Empereur des Français à tous présent et avenir salut :

Notre conseil des ministres entendu,

Avons décrété et décrétons ce qui suit :

Article premier. — Tous les citoyens valides, de 30 à 40 ans, qui ne font pas actuellement partie de la garde nationale y seront incorporés.

Art. 2. La Garde nationale de Paris est affectée à la défense de la capitale et à la mise en défense des fortifications.

Art. 3. Un projet de loi sera présenté pour incorporer dans la Garde mobile les citoyens âgés de moins de 30 ans qui n'en font pas actuellement partie.

Art. 4. — Nos ministres de l'intérieur et de la guerre sont chargés, chacun en ce qui le concerne, de l'exécution du présent décret.

Pour l'Empereur et en vertu des pouvoirs qu'il nous a conférés,

EUGÉNIE.

Par l'Impératrice régente,

Le Ministre de la Guerre : Vte Dejean,

Le Ministre de l'intérieur : Chevandier de Valdrome.

DOUAI.—IMPRIMERIE ADMINISTRATIVE DE L. CRÉPIN.

BULLETIN DE LA GUERRE N° 15

DÉPÊCHE TÉLÉGRAPHIQUE

Paris, 8 août, 9 heures du soir.

FRANÇAIS !

Nous vous avons dit toute la vérité, maintenant à vous de remplir votre devoir.

Qu'un même cri sorte de toutes les poitrines d'un bout de la France à l'autre.

Que le peuple tout entier se lève frémissant, dévoué pour soutenir le grand combat.

Quelques uns de nos régiments ont succombé sous le nombre : Notre armée n'a pas été vaincue. Le même souffle intrépide l'anime toujours, soutenons-là !

A l'audace momentanément heureuse, opposons la tenacité qui dompte le destin !

Replions-nous sur nous mêmes et que nos envahisseurs se heurtent contre un rempart invincible de poitrines humaines comme en 1792 et comme à Sébastopol. Que nos revers ne soient que l'école de nos victoires.

Ce serait un crime de douter un instant du salut de la patrie et surtout de n'y pas contribuer.

Debout donc ! debout ! Et vous, habitants du centre, du nord et du midi, sur qui ne pèsent pas le fardeau de la guerre, accourez d'un élan unanime au secours de vos frères de l'Est. Que la France, une dans les succès, se retrouve plus une encore dans les épreuves.

Et que Dieu bénisse nos armes.

Douai, le 8 août 10 heures 40 m.

DOUAI, IMP. L. CRÉPIN, 23, RUE DE LA MADELEINE.

BULLETIN DE LA GUERRE N°16

DÉPÊCHE TÉLÉGRAPHIQUE

Paris, le 8 août, 10 heures du soir.

Parisiens,

Notre armée se concentre et se prépare à un nouvel effort; elle est pleine d'énergie et de confiance.

S'agiter à Paris, ce serait combattre contre elle et affaiblir, au moment décisif, la force morale qui lui est nécessaire pour vaincre.

Nos ennemis y comptent. — Voici ce qu'on a saisi sur un prisonnier prussien amené au quartier général :

Courage ! Paris se soulève ; l'armée française sera prise entre deux feux.

Nous préparons l'armement de la nation et la défense de Paris. Demain le Corps législatif joindra son action à la nôtre. Que tous les bons citoyens s'unissent pour empêcher les rassemblements, les manifestations.

Ceux qui sont pressés d'avoir des armes n'ont qu'à se présenter aux bureaux de recrutement, il leur en sera donné de suite pour marcher à la frontière.

(Suivent les signatures de tous les ministres.)

Douai, 8 août, 11 heures 40 m.

Douai. — Imprimerie administrative de L. Crépin.

BULLETIN DE LA GUERRE N° 17.

DÉPÊCHE TÉLÉGRAPHIQUE

Metz, 8 août, 10 heures 1/2 du soir.

Le corps du général de Failly, qui n'a pas été engagé, rallie l'armée. il n'a pas été inquiété.

Le maréchal Mac Mahon exécute les mouvements qui lui ont été prescrits.

Il n'y a pas eu d'engagement dans la journée du 8.

La proclamation des Ministres a été reçue avec enthousiasme.

(Correspondance du Quartier Général.)

Reçue à Douai, le 9 août, à 5 heures 35 du matin.

DOUAI. — IMPRIMERIE ADMINISTRATIVE DE L. CRÉPIN.

BULLETIN DE LA GUERRE N° 18

DÉPÊCHE TÉLÉGRAPHIQUE

Paris, 9 août, 9 heures 55 m.

Les départements compris dans les 1e, 3e, 4e et 7me Divisions militaire territoriales et les départements de la Côte-d'or, de Saône-et-Loire, de l'Ain et du Rhône sont déclarés en état de siège.

Paris est tranquille.

Douai, 9 août 2 heures 1/2 du soir.

Le Département du Nord est compris dans la 3me division militaire.

DOUAI, IMP. L. CRÉPIN, 23, RUE DE LA MADELEINE.

BULLETIN DE LA GUERRE N° 19

DÉPÊCHE TÉLÉGRAPHIQUE

Metz, 9 août, 8 heures 55 m.

L'armée est en grande partie concentrée en avant de Metz. Le maréchal Bazaine à la direction des opérations, le corps du général Frossard se retire en bon ordre sur Metz.

L'Empereur vient de se rendre au quartier du général Bazaine.

(Correspondance du quartier Général).

Douai, le 9 Août, 2 heures et 1/2 du soir.

DOUAI.—IMPRIMERIE L. CRÉPIN.

BULLETIN DE LA GUERRE N° 20

DÉPÊCHE TÉLÉGRAPHIQUE

Déclaration du Gouvernement aux Chambres.

- L'Empereur vous a prévenu que l'Impératrice vous appellerait si les circonstances devenaient difficiles. Nous n'avons pas voulu attendre, pour vous réunir, que la situation de la patrie fut compromise.

Nous vous avons appelé aux premières difficultés, quelques corps de notre armée ont éprouvé des échecs, mais la plus grande partie n'a été ni vaincue, ni même engagée; celle qui a été repoussée ne l'a été que par une force quatre ou cinq fois plus considérable et elle a déployée dans le combat, un héroïsme sublime qui lui vaudra une gloire au moins égale à celle des triomphateurs.

Tous nos soldats, ceux qui ont combattu comme ceux qui attendent l'heure de combattre sont animés de la même ardeur, du même élan patriotique, de la même confiance dans une revanche prochaine.

Aucune de nos défenses naturelles ou de nos forteresses n'est entre les mains de l'ennemi, nos ressources, immenses, sont intactes, au lieu de se laisser abattre par des revers que cependant il n'attendait pas, le pays sent son courage grandir avec les épreuves, nous vous demandons de nous aider à soutenir et à augmenter le mouvement national et à organiser la levée en masse de tout ce qui est valide dans la nation.

Tout est préparé. Paris va être en état de défense, et son approvisionnement assuré pour longtemps.

La garde nationale sédentaire s'organise partout, les régiments de pompiers de Paris, les douaniers, sont réunis à l'armée active.

Tous les hommes de l'inscription maritime qui ont plus de 6 ans de service sont rappelés, nous abrégeons les formalités aux quelles sont assujetties les enrolements volontaires, nous comblons avec nos forces disponibles, les vides de notre armée, et pour réunir une nouvelle armée de 450,000 hommes nous vous proposons d'abord d'augmenter la Garde Nationale Mobile en y appelant tous les hommes non mariés de 20 à 30, ans de nous accorder la possibilité d'incorporer la Garde Mobile dans l'armée active, et d'appeler sous les drapeaux tous les hommes disponibles de la classe de 1870.

Ne reculons devant aucun des devoirs que les événements nous imposent, nous avons mis en état de siége Paris et les départements que l'ennemi menace. Aux ressources dont ils disposent contre nous, les Prussiens espèrent ajouter celle qui naitrait de nos discordes intestines et ils considérent le désordre à Paris comme leur valant une armée.

Cette espérance impie sera détrompée.

L'immence majorité de la ville de Paris conservera son attitude patriotique. Quant à nous, nous ne ferons pas seulement appel à la garde nationale de Paris, mais nous appellerons à Paris la garde nationale de la France entière et nous défendrons l'ordre avec d'autant plus de fermeté, d'âme, que dans cette occasion surtout l'ordre c'est le salut.

DOUAI, IMP. L. CRÉPIN, 23, RUE DE LA MADELEINE.

BULLETIN DE LA GUERRE N° 21

DÉPÊCHE TÉLÉGRAPHIQUE

Metz, 9 Août, 1 heures 52.

L'Empereur s'est rendu ce matin au quartier du général Bazaine, qui prend le commandement des troupes réunies sous Metz.

Le général Decaen a été placé à la tête du 3e corps.

L'Empereur a reçu un accueil chaleureux de la population et de l'armée où éclatent les sentiments du plus énergique patriotisme.

Tout le monde aspire avec ardeur à reprendre la lutte.

Nos dispositions sont excellentes, tous les corps sont en communication; le maréchal Mac-Mahon a rallié la plus grande partie de son armée et se replie en bon ordre sur Nancy.

Douai, le 9 Août, 8 heures et 1/2 du soir.

DOUAI, — IMPRIMERIE L. CRÉPIN.

BULLETIN DE LA GUERRE N° 22

DÉPÊCHE TÉLÉGRAPHIQUE

Paris, le 9 août, 7 heures 15 du soir.

CIRCULAIRE DE L'INTÉRIEUR.

Le Ministère se retire, le général comte de Palikao est chargé par l'Impératrice de former un nouveau cabinet.

Douai, 9 août, 9 heures 30 m.

Douai. — Imprimerie administrative de L. Crépin.

BULLETIN DE LA GUERRE N° 23

DÉPÊCHE TÉLÉGRAPHIQUE

Paris, 10 Août, 9 heures 10 minutes du matin.

CIRCULAIRE DE L'INTÉRIEUR.

Journal officiel : Décret. Pourront être appelés sur la flotte au fur et à mesure que l'exigeront les besoins des armements, les inscrits maritimes ayant accompli la période obligatoire de 6 ans de service.

Les Ministres ont donné leur démission entre les mains de l'Impératrice qui l'a acceptée.

Le comte de Palikao est chargé de former un ministère.

Paris est très calme.

Douai, 10 août, 12 heures.

Douai. — Imprimerie administrative de L. Crépin.

BULLETIN DE LA GUERRE N° 24

DÉPÊCHE TÉLÉGRAPHIQUE

Metz, le 10 août 8 heures 30 du matin.

Depuis 48 heures les approvisionnements affluent sur les points de concentration.
Le matériel de l'artillerie augmente chaque jour.
Les soldats sont reposés et attendent le signal de l'action.
Nous continuons à n'avoir aucun détail officiel sur les affaires du 6.

(Correspondance du quartier général.)

Douai, 10 août, 2 heures du soir.

Douai. — Imprimerie administrative de L. Crépin.

BULLETIN DE LA GUERRE N° 25

DÉPÊCHE TÉLÉGRAPHIQUE

Strasbourg, 10 août, 9 heures 25 minutes du matin.

La journée et la nuit ont été calmes à Strasbourg.
Nous avons continué à prendre toutes les mesures défensives nécessaires.

Paris, 10 août, 4 heures 45 minutes du soir.

CIRCULAIRE DE L'INTÉRIEUR.

Le nouveau ministère est ainsi composé :
Guerre, Comte de PALIKAO. — *Intérieur*, Henri CHEVREAU. — *Affaires Étrangères*, Le Prince de LA TOUR D'AUVERGNE. — *Finances*, MAGNE. — *Travaux Publics*, Jérôme DAVID. — *Président du Conseil d'État*, BUSSON-BILLAULT. — *Agriculture et Commerce*, Clément DUVERNOIS. — *Instruction Publique*, BRAME. — *Justice*, GRANDPERRET.

Douai, le 10 août, 9 heures du soir.

BOURSE DE PARIS.

10 Août.

3 %	66 00	hausse 30 c.
4 1/2	94 00	

DOUAI, IMP. L. CRÉPIN, 23, RUE DE LA MADELEINE.

BULLETIN DE LA GUERRE N° 26

DÉPÊCHE TÉLÉGRAPHIQUE

CIRCULAIRE DE L'INTÉRIEUR.

Paris, 10 août, 5 heures 10 minutes du soir.

Le Corps législatif vient de voter à l'unanimité un projet de loi qui contient les dispositions suivantes :

1° Remerciements à l'armée : elle a bien mérité de la patrie.

2° Tous les citoyens non mariés ou veufs sans enfant ayant 25 ans accompli et moins de 35 ans qui ont satisfait à la loi du recrutement et ne figurent pas sur les listes de la garde nationale mobile sont appelés sous les drapeaux pendant la durée de la guerre.

3° 25 millions sont appliqués a venir en aide aux familles des citoyens compris dans cette catégorie.

4° Les anciens militaires pourront s'engager ou remplacer jusqu'à l'âge de 45 ans.

5° Les personnes valides de tout âge pourront contracter des engagements dans l'armée active.

6° Le contingent de 1870 se compose de tous les jeunes gens inscrits sur les tableaux de recensement qui ne se trouveront dans aucun des cas d'exemption ou de dispense prévus par la loi modifiée du 21 mars 1832.

Suivent des dispositions relatives aux formalités à suivre pour le tirage au sort et la formation du contingent de 1870.

Cette loi sera exécutoire du jour de sa promulgation.

Douai, 10 août, 10 heures du soir.

DOUAI. — IMPRIMERIE L. CRÉPIN

BULLETIN DE LA GUERRE N° 27

DÉPÊCHE TÉLÉGRAPHIQUE

Paris, 12 août, 8 heures 55 (reçue à Douai à minuit).

CIRCULAIRE DE L'INTÉRIEUR.

Metz, 12 août, 4 heures soir.

L'état des pertes du 2e corps est expédié ce soir par la poste. — Le maréchal Mac-Mahon pourra vous envoyer directement celui du 1er corps. — Notre cavalerie a poussé ce matin une brillante reconnaissance sur Lenied. Les coureurs ennemis s'avancent très loin, mais le gros des forces est en arrière.

(Correspondance du quartier général.)

Sans date, reçue à 4 heures 30, matin.

CIRCULAIRE DE L'INTÉRIEUR.

Une dépêche annonce que les communications avec Strasbourg sont interrompues.

Aux dernières nouvelles, les Prussiens semblaient autour de la ville.

Paris, 12 Août, 9 heures 40 minutes. Reçue à 5 heures du matin.

Le major général a résigné ses fonctions ainsi que le général Lebrun, 1er aide major général.

Quelques éclaireurs ennemis se sont portés à la gare de Frouard, ils ont été repoussés, leur officier a été fait prisonnier.

(Correspondance du Quartier Général).

DOUAI.—IMPRIMERIE L. CRÉPIN

BULLETIN DE LA GUERRE N° 28

DÉPÊCHE TÉLÉGRAPHIQUE

Paris, 14 août, 10 heures 50 matin.

Les correspondances télégraphiques étaient interrompues hier entre Paris et Nancy.

Dans la nuit, le bureau de Toul a fait savoir que Nancy devait être occupé par un détachement de cavalerie ennemie.

Ce matin la Compagnie de l'Est confirme cette nouvelle.

Douai. 3 1/2 du soir.

Douai. — Imprimerie administrative de L. Crépin.

BULLETIN DE LA GUERRE N° 29.

DÉPÊCHE TÉLÉGRAPHIQUE

Paris, 14 août, 11 heures 35 du soir.

L'EMPEREUR A L'IMPÉRATRICE.

Longeville, 14 Août, 10 heures du soir.

L'armée a commencé à passer sur la rive gauche de la Moselle. Ce matin nos reconnaissances n'avaient signalé la présence d'aucun corps, mais lorsque la moitié de l'armée a eu passé, les Prussiens ont attaqué en grandes forces.

Après une lutte de 4 heures ils ont été repoussés avec de grandes pertes.

Douai, le 15 7 heures 15.

Douai, imprimerie L. Crépin, rue de la Madeleine, 23.

BULLETIN DE LA GUERRE N° 30.

DÉPÊCHE TÉLÉGRAPHIQUE

Paris, le 15 Août, 1 heures 5 du soir.

Les corps des généraux de Ladmirault et Decaen ont été engagés dans le combat d'hier. Le Maréchal Bazaine s'était porté de sa personne sur les lieux de la lutte. L'ennemi a été repoussé après un combat de quatre heures.

L'entrain des troupes a été admirable.

(Correspondance du Quartier Général).

DOUAI.—IMPRIMERIE ADMINISTRATIVE DE L. CRÉPIN.

BULLETIN DE LA GUERRE N° 31.

DÉPÊCHE TÉLÉGRAPHIQUE

Paris, 16 août, midi.

Le Sous-Préfet de Verdun, au Ministre de l'Intérieur.

Verdun, le 16 août 1870, 6 h. 10 m.

Pas de nouvelles de Metz, on ne sait rien.

On a entendu toute la journée gronder le canon entre Metz et Verdun, des voyageurs arrivés de cette direction disent qu'une grande bataille était engagée depuis la pointe du jour et que les Prussiens auraient perdu plus de 40,000 hommes dans le combat de la veille.

On s'est battu toute la matinée d'hier à l'extrémité de mon arrondissement 28 kilomètres de Verdun.

Sur ce point l'ennemi aurait été vu opérant sa retraite vers le Sud.

Ces renseignements transmis par l'autorité civile qui n'a pu les controler, sont donnés sous toutes réserves.

Douai, imprimerie L. Crépin, rue de la Madeleine, 23.

BULLETIN DE LA GUERRE N° 32.

Publication à 5 centimes le numéro.

DÉPÊCHE TÉLÉGRAPHIQUE OFFICIELLE

Paris, le 17 Août, 10 heures 55 du matin.

Le Ministre de la guerre a reçu des nouvelles de l'armée qui continue à opérer son mouvement combiné après le brillant combat de Dimanche soir.

Dans la journée d'hier deux divisions ennemies ont cherché à l'inquiéter dans sa marche ; elles ont été repoussées.

L'Empereur est arrivé ce soir au camp de Chalons où s'organisent de grandes forces.

Douai, 2 h. 10 soir.

DOUAI.—IMPRIMERIE ADMINISTRATIVE DE L. CRÉPIN.

Publication à 5 centimes le numéro.

BULLETIN DE LA GUERRE N° 33

DÉPÊCHE TÉLÉGRAPHIQUE OFFICIELLE

Paris 18 août 1870, une heure 10 matin.

CIRCULAIRE DE L'INTÉRIEUR.

Dépêche du maréchal Bazaine, 17 août, 4 heures soir.

Hier, pendant toute la journée, j'ai livré bataille à l'armée prussienne entre Doncourt et Vioville. L'ennemi a été repoussé et nous avons passé la nuit sur les positions conquises.

J'arrête quelques heures mon mouvement pour remettre nos munitions au grand complet.

Nous avons eu devant nous le prince Frédéric-Charles et le général Steinmetz.

Le ministre de la guerre.
COMTE DE PALIKAO.

Douai, 18 août, 7 heures 30 du matin.

Douai. — Imprimerie administrative de L. CRÉPIN.

Publication à 5 centimes le numéro.

BULLETIN DE LA GUERRE N° 34

DÉPÊCHE TÉLÉGRAPHIQUE OFFICIELLE

Paris, 18 Août, 1 heures 20 minutes du matin.

CIRCULAIRE DE L'INTÉRIEUR.

Le Ministre de l'Intérieur à MM. les Préfets et Sous-Préfets.

Verdun, 17 août, 4 h. 50 s.

Le Général Commandant supérieur au Ministre de la guerre.

Je reçois à l'instant de Briey la dépêche suivante :

Bataille dure toujours du côté de Mars-la-Tour.

Victoire paraît favorable. On amène à Briey grand nombre de blessés français et prussiens.

D'un autre côté, j'apprends par le commissaire de police de Briey, qu'un corps de 12,000 hommes environ, artillerie et cavalerie, campe sur le plateau entre Bury et Saint-Jean. Ce corps a détaché des coureurs qui sont entrés dans Briey.

Des voyageurs sérieux revenant de Mars-la-Tour parlent d'un engagement considérable dans la journée d'hier avec un grand corps de l'armée Prussienne qui aurait été rejeté sur la Moselle est chargé avec la plus grande vigueur par la cavalerie de la garde.

On dit que les généraux Bataille et Frossard sont blessés.

Le ministre de la guerre COMTE DE PALIKAO.

(Ces renseignements ne provenant pas du commandant en chef de l'armée, nous les donnons sous toute réserve).

Douai, 18 août, 8 heures du matin.

Douai. — Imprimerie administrative de L. Crépin.

Publication à 5 centimes le numéro.

BULLETIN DE LA GUERRE N° 35.

DÉPÊCHE TÉLÉGRAPHIQUE OFFICIELLE

Paris, le 18 Août, 5 heures du matin.

CIRCULAIRE DE L'INTÉRIEUR.

Verdun, 17 août, 8 heures 05 soir.

Le Maréchal commandant en chef au Ministre de l'intérieur.

Quartier général, 16 août 1870.

Ce matin, vers 9 heures les corps commandés par le prince Frédéric-Charles ont dirigé une attaque très-vive sur la droite de notre position. La division de cavalerie du général Forton et le 2e corps d'armée commandé par le général Frossart ont fait bonne contenance.

Les corps échelonnés à droite et à gauche de Rezonville sont venus successivement prendre part à l'action qui a duré jusqu'à la nuit tombante. L'ennemi avait déployé des forces considérables et a essayé à plusieurs reprises des retours offensifs qui ont été vigoureusement repoussés.

A la fin de la journée, un nouveau corps d'armée a cherché à déborder notre gauche; nous avons partout maintenu nos positions et infligé à l'ennemi des pertes considérables.

Les nôtres sont sérieuses. Le général Bataille a été blessé, au plus fort de l'action, un régiment de Uhlans a chargé l'état-major du maréchal; 20 hommes de l'escorte ont été mis hors de combat.

Le Capitaine qui la commandait a été tué. A 8 heures du soir, l'ennemi était refoulé sur toute la ligne. On estime à 120,000 hommes le chiffre des troupes engagées.

Douai, 18 août 10 h. matin.

Douai. Imp, L. CRÉPIN, 23, rue de la Madeleine.

Publication à 5 centimes le numéro.

BULLETIN DE LA GUERRE N° 36

DÉPÊCHE TÉLÉGRAPHIQUE OFFICIELLE

Paris, 18 août, 10 heures 30 matin.

CIRCULAIRE DE L'INTERIEUR.

Journal Officiel : Général Trochu nommé gouverneur de Paris, et commandant en chef de toutes les forces chargées de pourvoir à la défense de la capitale.

Journal Officiel, en retard aujourd'hui pour remaniement de composition; n'arrivera que par second courrier.

Douai, 18 août, 2 heures soir.

Douai. — Imprimerie administrative de L. Crépin.

Publication à 5 centimes le numéro.

BULLETIN DE LA GUERRE N° 37

DÉPÊCHE TÉLÉGRAPHIQUE OFFICIELLE

Paris, 18 Août, 10 heures 40 minutes du soir.

Le Ministre de l'Intérieur à MM. les Préfets et Sous-Préfets et Généraux commandant les divisions et subdivisions.

CIRCULAIRE DE L'INTÉRIEUR.

Quartier Général, 18 août 1870, 5 heures soir.

Dans l'affaire du 16, le corps du général Lamirault formait l'extrême droite.

Un bataillon du 73e de ligne a détruit un régiment de lanciers prussiens et lui a enlevé son étendart. Il y a eu plusieurs charges de cavaleries.

Dans l'une d'elles, le général Legrand a été tué en chargeant à la tête de sa division; le général Montaigu disparu, les généraux prussiens Doering et Wedel ont été tués, les généraux Gructer et Von Rauch sont blessés. Le prince Albert de Prusse commandant la cavalerie aurait été tué.

A la chute du jour, nous étions maîtres des positions précédemment occupées par l'ennemi.

Le lendemain 17, il y a eu près de Gravelotte quelques combats d'arrière-garde. On peut estimer approximativement à 150,000 hommes les forces que l'ennemi avait engagées contre nous dans l'affaire du 16.

Nous n'avons pas encore l'état de nos pertes d'une manière totale.

(Correspondance du Quartier Général.)

Le ministre de l'intérieur:

H. CHEVREAU.

Douai, 19 août, 8 heures du matin.

Par suite d'une convention particulière avec les Administrations des journaux de Paris, à partir du 20 courant, les journaux LE GAULOIS, *Paris-Journal*, *Moniteur universel*, *la Cloche* et *le Volontaire*, se vendront 20 CENTIMES à notre librairie.

Douai. — Imprimerie administrative de L. CRÉPIN

Publication à 5 centimes le numéro.

BULLETIN DE LA GUERRE N° 38

DÉPÊCHE TÉLÉGRAPHIQUE OFFICIELLE

Paris, 20 Août, 6 heures 15 minutes du soir.

Le Ministre de l'Intérieur à MM. les Préfets et Sous-Préfets et Généraux commandant les divisions et subdivisions.

CIRCULAIRE DE L'INTÉRIEUR.

Dans la séance de la Chambre de ce jour, le général comte de Palikao, pour répondre à la dépêche du roi de Prusse et publiée par les journaux qui attribuent à son armée un grand avantage sur les troupes françaises dans la journée du 18, a fait connaître que d'après ses informations les trois corps d'armée prussiens réunis contre le maréchal Bazaine auraient été rejetés dans les carrières de Jaumont.

Le ministre de l'intérieur:
H. CHEVREAU.

Douai, 20 août, 9 heures 30 du soir.

Par suite d'une convention particulière avec les Administrations des journaux de Paris, à partir du 20 courant, les journaux LE GAULOIS, *Paris-Journal*, *Moniteur universel*, et *le Volontaire*, se vendront 20 centimes à notre librairie.

Douai, — Imprimerie administrative de L. Crépin.

Publication à 5 centimes le numéro.

BULLETIN DE LA GUERRE N° 39.

DÉPÊCHE TÉLÉGRAPHIQUE

Paris 22 août 12 heures 02 minutes du matin.

Le ministre de l'intérieur à MM. les Préfets et Sous-Préfets et Généraux commandant les divisions et subdivisions.

CIRCULAIRE DE L'INTÉRIEUR

Le Gouvernement n'ayant pas reçu de dépêche de l'armée du Rhin depuis deux jours par suite de l'interruption de communications télégraphiques, a lieu de penser que le plan arrêté par le maréchal Bazaine n'a pas encore abouti.

La conduite héroïque de nos soldats, à différentes reprises en présence d'un ennemi bien supérieur en nombre permet d'espérer la réussite d'opérations ultérieures.

Les Courriers de l'ennemi ont paru à St-Dizier.

Le ministre de la guerre.
COMTE DE PALIKAO.

COMMUNICATION
DU GÉNÉRAL PALIKAO

SÉANCE DU CORPS LÉGISLATIF
(20 août).

La parole est à M. le Ministre de la guerre. (Mouvement général d'attention.)

Son Excellence M. le comte de Palikao, ministre de la guerre. Messieurs les députés, les Prussiens ont mis en circulation certains bruits qui tendraient à faire croire qu'ils ont obtenu un très-grand avantage le 18 août : c'est leur prétention; je viens ici rétablir les faits. (Mouvement. — Très-bien! très-bien!)

Sans entrer dans des détails que je ne peux donner ici, vous le comprendrez, messieurs, Oui! oui!) je me bornerai à dire que j'ai communiqué à quelques-uns de vos collègues les dépêches que j'ai reçues et qui constatent que, le 18, trois corps de l'armée prussienne se sont réunis contre le corps d'armée du maréchal Bazaine, et que, au lieu d'avoir eu un succès, comme ils voudraient le faire croire, différents renseignements qui paraissent dignes de foi m'annoncent qu'ils ont été rejetés dans les carrières de Jaumont.

Je ne vous parle pas de quelques petits avantages que nous avons obtenus du coté de Bar-le-Duc dans des rencontres avec des éclaireurs; pour moi, cela n'a pas d'importance.

Douai, imprimerie L. Crépin, rue de la Madeleine, 23.

Publication à 5 centimes le numéro.

BULLETIN DE LA GUERRE N° 40

DÉPÊCHE TÉLÉGRAPHIQUE

Paris, 22 Août, 2 heures du soir.

Le Gouvernement a reçu des nouvelles du Maréchal Bazaine.

Les nouvelles sont arrivées au milieu de la séance du Conseil des Ministres rassemblés depuis neuf heures du matin.

Ces dépêches sont du 19 au soir. Elles annoncent que le maréchal tient d'excellentes positions sur la route de Montmédy.

Il a toutes les ressources nécessaires. L'ennemi a été accablé par la journée du 18.

Il a demandé la négociation d'une convention pour faire passer ses blessés par le Luxembourg et la Belgique.

On aurait refusé, — cette demande cachant évidemment le désir de laisser libres ses voies pour le transport de ses troupes fraîches.

Un conseil militaire doit être tenu à l'heure qu'il est à Reims.

Le Camp de Châlons est levé. Les opérations du maréchal Mac-Mahon se poursuivent.

Douai, 23 août, 6 heures du matin.

La collection des dépêches officielles du bulletin de la guerre n° 1 à 40 est en vente.
Une brochure in-4°, prix 2 francs.

Même maison, en vente toutes les théories militaire pour la garde nationale mobile et sédentaire, fourniture d'imprimés militaire pour le service des bureaux et des batteries.

Par suite d'une convention particulière avec les Administrations des journaux de Paris, *le Gaulois*, *Paris-Journal*, *Moniteur universel*, *le Volontaire*, se vendent 20 CENTIMES, et le *Journal de la Guerre*, 5 centimes à notre librairie.

Les Nos 42 et 43 du Bulletin de la Guerre contiennent le *tableau* composant *les sept corps de l'Armée Française* classé par corps et par divisions avec les noms de tous les régiments qui en font partis.

Douai. — Imprimerie administrative de L. CRÉPIN.

www.ingramcontent.com/pod-product-compliance
Lightning Source LLC
LaVergne TN
LVHW012225170726
843503LV00005B/2278